curiosidad por

EL SENDERISMO

POR ELIZABETH KASSUELKE

AMICUS LEARNING

¿Qué te causa

CAPÍTULO DOS

Prepararse

PÁGINA

10

CAPÍTULO UNO

Fundamentos del senderismo

PÁGINA

4

curiosidad?

CAPÍTULO TRES

3

Salir al aire libre
PÁGINA
16

Curiosidad por es una publicación de Amicus
P.O. Box 227, Mankato, MN 56002
www.amicuspublishing.us

Editora: Alissa Thielges
Diseñadora de la serie: Kathleen Petelinsek
Diseñadora de libro: Lori Bye

Información del catálogo de publicaciones
Names: Kassuelke, Elizabeth, author.
Title: Curiosidad por el senderismo / Elizabeth Kassuelke.
Other titles: Curious about hiking. Spanish
Description: Mankato, Minnesota: Amicus Learning, 2024. |
Series: Curiosidad por las actividades al aire libre | Includes
index. | Audience: Ages 5–9 | Audience: Grades 2–3 |
Summary: "Spanish questions and answers give kids the
fundamentals of hiking, including gear and safety tips. Includes
infographics to support visual learning and back matter to
support research skills, plus a glossary and index. Translated into
North American Spanish"—Provided by publisher.
Identifiers: LCCN 2023016669 (print) | LCCN 2023016670
(ebook) | ISBN 9781645497974 (library binding) | ISBN
9781645498513 (paperback) | ISBN 9781645498056 (pdf)
Subjects: LCSH: Hiking—Juvenile literature. | Walking—Juvenile
literature.
Classification: LCC GV199.52 .K3718 2024 (print) | LCC
GV199.52 (ebook) | DDC 796.51—dc23/eng/20230410
LC record available at https://lccn.loc.gov/2023016669
LC ebook record available at https://lccn.loc.gov/2023016670

Photo credits: Getty/Erik Isakson/Tetra Images, 6, FatCamera,
20, Maskot, 17, Per Breiehagen, 15, Thomas Barwick, 8, 9;
Shutterstock/Abramova Elena, 15, bixstock, 15, Blazej Lyjak,
cover, 1, Hong Vo, 15, Jacob Lund, 5, JGA, 14, minizen, 22,
Ratana Prongjai, 15, sjgh, 10, T. Schneider, 13, Warren Metcalf,
12, Yukhymets Vladyslav, 19, Zheltyshev, 13, zhukovvvlad, 21

Impreso en China

¡Mantén tu curiosidad! 22
Glosario 24
Índice 24

¿El senderismo es diferente a simplemente caminar?

Sí. Puedes caminar en cualquier parte, incluso en interiores. Usualmente ser algo corto y fácil de hacer. El senderismo es un viaje más largo por la naturaleza. Siempre es al aire libre. Los senderistas siguen un **sendero** establecido. Los caminos son más difíciles y requieren de mayor fuerza.

¿SABÍAS?
El senderismo fue súper popular en 2020 en Estados Unidos. Las personas no podían reunirse en interiores a causa de la pandemia de COVID, así que salían al aire libre.

Los caminos para senderismo suelen estar cubiertos de tierra y rocas.

¿Puedo hacer senderismo?

La primera persona puede establecer la velocidad de caminata para el grupo.

¡Sí! El senderismo es para todos. Algunos senderos son fáciles y otros, difíciles. Algunas personas lo practican para ser las más rápidas. Otras tratan de ir lo más lejos posible. Pero la mayoría se toman su tiempo. El senderismo es una forma fácil de hacer actividad física.

¿Hay reglas para hacer el senderismo?

Proteger la naturaleza permite que la gente la disfrute por muchos años.

La regla de oro del senderismo es "no dejes huella". Todo lo que lleves tiene que regresar contigo a casa. Incluso la basura. También significa que debes mantenerte sobre el sendero. Esto te protege a ti y a la vida silvestre.

CAPÍTULO DOS

¿Dónde puedo practicar el senderismo?

¡Casi en cualquier parte! En Estados Unidos hay más de 200.000 millas (321.869 kilómetros) de caminos para senderismo. ¿No encuentras ningún sendero? Prueba el **senderismo urbano**. Camina por las aceras de la ciudad o los caminos del pueblo. Siempre hay algún lugar para explorar.

PREPARARSE

LOS SENDEROS MÁS LARGOS DE AMÉRICA DEL NORTE

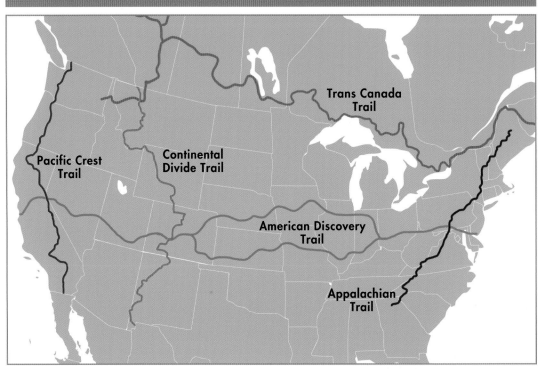

Trans Canada Trail

Pacific Crest Trail

Continental Divide Trail

American Discovery Trail

Appalachian Trail

TRANS CANADA TRAIL:
17.398 MILLAS (28.000 KM)

AMERICAN DISCOVERY TRAIL:
6.800 MILLAS (10.944 KM)

CONTINENTAL DIVIDE TRAIL:
3.100 MILLAS (4.989 KM)

PACIFIC CREST TRAIL:
2.650 MILLAS (4.265 KM)

APPALACHIAN TRAIL:
2.180 MILLAS (3.508 KM)

¿Puede ser peligroso el senderismo?

Las voces humanas usualmente alejar a los depredadores, así que habla o canta mientras caminas.

Generalmente no. Pero, a veces, hay osos y pumas. También podrías quedar atrapado en una tormenta o torcerte el tobillo. Es mejor estar preparado. Lleva un botiquín de primeros auxilios y un aerosol contra osos. Revisa el clima y lee el mapa del **punto de partida** para que no te pierdas. Y siempre haz senderismo con otros.

Silbato

Brújula

Fósforos

Aerosol contra osos

Botiquín de primeros auxilios

Botella de agua

¿SABÍAS?
Algunos senderistas llevan equipo de seguridad en una mochila. Están preparados para cualquier cosa.

¿Qué debo llevar?

Algunos senderistas usan botas de senderismo.

No necesitas mucho. El **equipo** a llevar depende del sendero. Es imprescindible llevar zapatos con una buena **suela**. Si llueve, lleva una chaqueta y zapatos impermeables. También son importantes una botella de agua y bocadillos. Una cámara, binoculares y un diario pueden aumentar la diversión del senderismo.

Unos buenos zapatos te mantienen estable si el sendero cruza por un río.

BOCADILLOS PARA SENDERISMO

barras de granola

galletas saladas

carne seca

fruta

CAPÍTULO TRES

¿Me aburriré durante el senderismo?

¡Imposible! Ve con tu familia o amigos. Puedes jugar al "veo, veo" o llevar un diario de la naturaleza. Puedes recolectar piedras. O puedes tomar fotos de los diferentes insectos que veas. Usa tu imaginación. El senderismo se trata de aventura.

Durante tu caminata, date el tiempo de parar y mirar a tu alrededor.

¿Qué puedo ver mientras hago senderismo?

Préstale atención a los animales salvajes. También, busca huellas de animales. Es común ver ardillas y aves. Dependiendo de dónde camines, ¡puedes ver venados, alces o, incluso, borregos salvajes! Algunos senderos pasan sobre puentes y ríos. Otros te llevan por una cuesta o a una increíble cascada.

El senderismo te puede llevar a hermosas maravillas naturales.

¿Por qué debería hacer senderismo?

El senderismo puede mejorar tu salud.

El senderismo es un excelente manera de ver y aprender sobre la naturaleza. El senderismo mantiene fuertes tus músculos y tu corazón. También aumenta tu **resistencia**. Además, ¡el aire fresco es bueno para ti! Reduce el estrés y te hace más feliz. También te ayuda a concentrarte mejor.

El senderismo es un buen ejercicio también en invierno.

HAZ MÁS PREGUNTAS

¿Cómo se entrena para una caminata larga?

¿Podría establecer un récord de senderismo?

Prueba con una PREGUNTA GRANDE:
¿Cómo ayuda el senderismo a la Tierra?

BUSCA LAS RESPUESTAS

Busca en el catálogo de la biblioteca o en Internet.

Pueden ayudarte tus padres, un bibliotecario o un maestro.

Usar palabras clave

Busca la lupa.

Q

Las palabras clave son las palabras más importantes de tu pregunta.

?

Si quieres saber sobre:

- entrenar para una caminata larga de senderismo, escribe: ENTRENAMIENTO PARA SENDERISMO

- qué récords romper, escribe: RÉCORDS DE SENDERISMO

GLOSARIO

equipo Las cosas necesarias que llevas contigo a una caminata, como el botiquín de primeros auxilios y una botella de agua.

punto de partida Lugar que marca el inicio de un sendero de caminata.

resistencia La capacidad de hacer algo difícil durante un período largo.

senderismo urbano Caminar para explorar una ciudad.

sendero Un camino marcado que pasa por el bosque o campo.

suela La parte gruesa de abajo de un zapato que se agarra al suelo.

ÍNDICE

actividades 16

beneficios 7, 20

bocadillos 14, 15

diferencias de caminar 4

equipo 13, 14

no dejes huella 9

pandemia de COVID 4

peligros 12–13

reglas 8–9

senderismo urbano 10

senderos 4, 7, 10–11, 18

vida silvestre 9, 13, 16, 18

Acerca de la autora

Elizabeth Kassuelke se graduó en 2023 del Bethany Lutheran College, en Minnesota. Le encanta leer, escribir y pasar tiempo al aire libre, ¡y este libro unió todas esas pasiones!